獻給我的媽媽，以及所有了不起的母親，
她們將女兒培育得堅強又富有愛心。 —— J.M.

獻給艾希利、伊萊恩、希拉凡和莉莉安。 —— M.B.E

Thinking 0076

我的第一本性別平等小書：女生版

文｜茱莉·莫柏格 Julie Merberg
圖｜蜜雪兒·布魯莫·艾弗莉特 Michéle Brummer Everett
譯｜羅吉希

字畝文化創意有限公司
社長兼總編輯｜馮季眉
主　　編｜許雅筑、鄭倖伃
責任編輯｜戴鈺娟
編　　輯｜陳心方、李培如
美術設計｜菩薩蠻電腦科技有限公司

出　版｜字畝文化／遠足文化事業股份有限公司
發　行｜遠足文化事業股份有限公司（讀書共和國出版集團）
地　址｜231新北市新店區民權路108-2號9樓
電　話｜(02)2218-1417
傳　真｜(02)8667-1065
客服信箱｜service@bookrep.com.tw
網路書店｜www.bookrep.com.tw
團體訂購請洽業務部 (02) 2218-1417 分機1124

法律顧問｜華洋法律事務所　蘇文生律師
印　製｜中原造像股份有限公司

2022年4月　初版一刷　2023年11月　初版三刷
定價｜250元　書號｜XBTH0076　ISBN｜9786267069530

特別聲明：有關本書中的言論內容，不代表本公司／出版集團之立場與意見，文責由作者自行承擔。

國家圖書館出版品預行編目（CIP）資料

我的第一本性別平等小書：女生版/茱莉.莫柏格(Julie Merberg)文；蜜雪兒.布魯莫.艾弗莉特(Michéle Brummer Everett)圖；羅吉希譯. -- 新北市 :字畝文化出版 : 遠足文化事業股份有限公司發行, 2022.04
32面 ; 17.8×17.8公分
譯自 : My first book of feminism.
ISBN 978-626-7069-53-0(精裝)

1.CST: 性別平等 2.CST: 兩性教育 3.CST: 通俗作品 4.SHTB: 心理成長--3-6歲幼兒讀物

544.7　　　　　　　　　　　　111002769

我的第一本
性別平等小書
女生版

文｜茱莉·莫柏格　　　圖｜蜜雪兒·布魯莫·艾弗莉特　　　譯｜羅吉希
Julie Merberg　　　Michéle Brummer Everett

人人平等，　互相尊重。
不要求特權，　也不占人便宜。

這就是性別平等，值得大家一起努力！

人人都平等

女生可以成為強壯、
勇敢又大膽的領袖——
她們努力進取、能力強、
無所畏懼又有愛心。

使喚人不是強大， 欺負人不算聰明。
要善用你的知識、 毅力和衝勁！

勇敢發言，手舉高高！
大聲說出你的問題！

聽聽別人的意見，
說出自己的想法。
大方展現獨特的你！

高⟨ᴳ⟩矮⟨ᴬⁱ⟩胖⟨ᴾᵃⁿᵍ⟩瘦⟨ˢʰᵒᵘ⟩、 膚⟨ᶠᵘ⟩色⟨ˢᵉ⟩深⟨ˢʰᵉⁿ⟩淺⟨ᵠⁱᵃⁿ⟩都⟨ᵈᵒᵘ⟩很⟨ʰᵉⁿ⟩美⟨ᴹᵉⁱ⟩麗⟨ᴸⁱ⟩，
美⟨ᴹᵉⁱ⟩的⟨ᵈᵉ⟩不⟨ᵇᵘ⟩是⟨ˢʰⁱ⟩臉⟨ᴸⁱᵃⁿ⟩蛋⟨ᵈᵃⁿ⟩， 而⟨ᵉʳ⟩是⟨ˢʰⁱ⟩你⟨ⁿⁱ⟩的⟨ᵈᵉ⟩內⟨ⁿᵉⁱ⟩心⟨ˣⁱⁿ⟩。

漂亮不是你的義務， 不必追求完美無缺。
努力學習、 待人和善， 你就能變得耀眼。

你ㄋㄧˇ的ㄉㄜ˙身ㄕㄣ體ㄊㄧˇ你ㄋㄧˇ做ㄗㄨㄛˋ主ㄓㄨˇ， 從ㄘㄨㄥˊ頭ㄊㄡˊ到ㄉㄠˋ腳ㄐㄧㄠˇ全ㄑㄩㄢˊ歸ㄍㄨㄟ你ㄋㄧˇ！
不ㄅㄨˋ管ㄍㄨㄢˇ親ㄑㄧㄣ親ㄑㄧㄣ或ㄏㄨㄛˋ抱ㄅㄠˋ抱ㄅㄠˋ， 你ㄋㄧˇ不ㄅㄨˋ喜ㄒㄧˇ歡ㄏㄨㄢ就ㄐㄧㄡˋ不ㄅㄨˋ行ㄒㄧㄥˊ！

你ⁿˇ的ㄉㄜ˙一ㄧ切ㄑㄧㄝˋ， 你ⁿˇ來ㄌㄞˊ決ㄐㄩㄝˊ定ㄉㄧㄥˋ。
要ㄧㄠˋ穿ㄔㄨㄢ亮ㄌㄧㄤˋ晶ㄐㄧㄥ晶ㄐㄧㄥ的ㄉㄜ˙洋ㄧㄤˊ裝ㄓㄨㄤ，
或ㄏㄨㄛˋ舒ㄕㄨ服ㄈㄨˊ的ㄉㄜ˙運ㄩㄣˋ動ㄉㄨㄥˋ褲ㄎㄨˋ，
還ㄏㄞˊ是ㄕˋ戴ㄉㄞˋ上ㄕㄤˋ漂ㄆㄧㄠˋ亮ㄌㄧㄤˋ的ㄉㄜ˙髮ㄈㄚˇ帶ㄉㄞˋ？
──只ㄓˇ要ㄧㄠˋ你ⁿˇ喜ㄒㄧˇ歡ㄏㄨㄢ， 就ㄐㄧㄡˋ會ㄏㄨㄟˋ很ㄏㄣˇ好ㄏㄠˇ看ㄎㄢˋ！

你可以學畫畫、 蓋高樓、 爬樹或是踢足球，
滿身大汗髒兮兮， 別怕跌倒受傷害，
想做的事就去做， 想跑多快就跑多快！

也ⓔ可ⓔ以ⓔ開ⓔ飛ⓔ機ⓔ、 幫ⓔ人ⓔ治ⓔ病ⓔ、
寫ⓔ電ⓔ腦ⓔ程ⓔ式ⓔ， 甚ⓔ至ⓔ拯ⓔ救ⓔ地ⓔ球ⓔ！
找ⓔ到ⓔ喜ⓔ歡ⓔ的ⓔ工ⓔ作ⓔ， 有ⓔ貢ⓔ獻ⓔ就ⓔ有ⓔ收ⓔ穫ⓔ──
男ⓔ生ⓔ、 女ⓔ生ⓔ一ⓔ樣ⓔ多ⓔ！

你ㄋㄧˇ可ㄎㄜˇ以ㄧˇ當ㄉㄤ老ㄌㄠˇ闆ㄅㄢˇ或ㄏㄨㄛˋ當ㄉㄤ總ㄗㄨㄥˇ統ㄊㄨㄥˇ，
沒ㄇㄟˊ有ㄧㄡˇ工ㄍㄨㄥ作ㄗㄨㄛˋ女ㄋㄩˇ生ㄕㄥ不ㄅㄨˋ能ㄋㄥˊ做ㄗㄨㄛˋ！
記ㄐㄧˋ住ㄓㄨˋ歷ㄌㄧˋ史ㄕˇ上ㄕㄤˋ那ㄋㄚˋ些ㄒㄧㄝ勇ㄩㄥˇ敢ㄍㄢˇ的ㄉㄜ榜ㄅㄤˇ樣ㄧㄤˋ，
她ㄊㄚ們ㄇㄣ曾ㄘㄥˊ經ㄐㄧㄥ努ㄋㄨˇ力ㄌㄧˋ的ㄉㄜ奮ㄈㄣˋ鬥ㄉㄡˋ。

要感謝你的媽媽、奶奶和外婆，
以及所有打破性別限制的女生，
有她們，女生才能突破再突破！

等你可以投票的時候，
重視的事要用行動證明。
善用你的選擇與影響力，
讓世界變得更公平！

用你的選票，
守護人人幸福、和平的權利，
讓弱小的人也可以保護自己。

當你成為大家都認識的領袖，
記得幫忙其他女生，
讓她們也能達到一樣的成就！

分享你學到的經驗，主動助人、學會付出，
讓其他女生也有機會，到達和你一樣的高處。

如果你覺得你的世界自由、快樂又公平，
別忘了還有其他女生
身在不平等的危險世界裡。
不管她們是誰的女兒、媽媽、阿姨或姑姑，
我們都要保護所有女生的安全、彼此照顧。